BEI GRIN MACHT SICH IHR WISSEN BEZAHLT

- Wir veröffentlichen Ihre Hausarbeit,
  Bachelor- und Masterarbeit

- Ihr eigenes eBook und Buch -
  weltweit in allen wichtigen Shops

- Verdienen Sie an jedem Verkauf

Jetzt bei www.GRIN.com hochladen und kostenlos publizieren

Verbesserung der Ausdauer. Erstellung eines Mesozyklus Trainingsplans

Isabella Fasching

Bibliografische Information der Deutschen Nationalbibliothek:

Die Deutsche Nationalbibliothek verzeichnet diese Publikation in der Deutschen Nationalbibliografie; detaillierte bibliografische Daten sind im Internet über http://dnb.d-nb.de abrufbar.

ISBN: 9783346448897
Dieses Buch ist auch als E-Book erhältlich.

© GRIN Publishing GmbH
Nymphenburger Straße 86
80636 München

Druck und Bindung: Books on Demand GmbH, Norderstedt Germany
Gedruckt auf säurefreiem Papier aus verantwortungsvollen Quellen

Das vorliegende Werk wurde sorgfältig erarbeitet. Dennoch übernehmen Autoren und Verlag für die Richtigkeit von Angaben, Hinweisen, Links und Ratschlägen sowie eventuelle Druckfehler keine Haftung.

Das Buch bei GRIN: https://www.grin.com/document/1036835

Deutsche Hochschule für
Prävention und Gesundheitsmanagement
Hermann Neuberger Sportschule 3
66123 Saarbrücken

Einsendeaufgabe

Fachmodul:	Trainingslehre II
Studiengang:	Fitnesstraining
Datum Präsenzphase:	21. bis 23. November 2018
Name, Vorname:	Fasching Isabella
Studienort:	**München**
Semester:	**Wintersemester 2017**

Inhaltsverzeichnis

1   Diagnose

1.1 Allgemeine und biometrische Daten

1.1.1 Allgemeine und biometrische Daten

Tab.: 1 allgemeine und biometrische Daten

Alter	21
Geschlecht	weiblich
Körpergröße	170cm
Körpergewicht	59kg
Trainingsmotive	Mehr Ausdauer, bessere Regeneration, Widerstandfähigkeit gegenüber physischen Belastungen steigern
Berufliche Tätigkeit	Studentin
Aktuelle sportliche Aktivität	3x/Wo. Krafttraining für ca. eine Stunde 1-2x/Wo. Ausdauer für jeweils 45-60 Min. (je nach Lust und Laune, wenn überhaupt)
Trainingsstufe	wenig Ausdauertraining – untrainiert
Frühere sportliche Aktivität	2-3x/Wo. Fitnessstudio mit Kraft- u. Ausdauertraining (Laufen, Radfahren, Crosstrainer) gekoppelt
Zeitlicher Verfügungsrahmen	Ca. 5-6 Stunden pro Woche inkl. Krafttraining
Blutdruck	110/75
Ruhepuls	70
Gesundheitliche Probleme	Keine
Medikamente	Keine

1.1.2 Bewertung

Laut American Heart Association (2017) befindet sich der optimale Blutdruck unter 120/80, daher ist diese Person mit einem Blutdruck von 110/75 als gesund und normal einzuordnen. Ebenso kann man bei einem Ruhepuls von 70 S/min laut American Heart Association (2015) von normal, verglichen mit Gleichaltrigen, sprechen.

Laut Eisenhut und Zintl (2013, S. 190) fällt die Testperson mit einem Trainingspensum von ein- bis zweimal Ausdauertraining pro Woche, also durchschnittlich 78 Stunden Ausdauertraining im Jahr unter Anfänger im Ausdauersport. (Rechnung ergibt sich aus dem Mittelwert von Minimum 52 Stunden und Maximum 104 Stunden pro Jahr als Annahme der jährlich ungefähren Ausdauertrainingseinheiten).

1.2 Leistungsdiagnostik und Ausdauertestung

1.2.1 Begründung der Testauswahl

Nach Rost (2001, S. 53) ist der H/V-Test am besten für den Breitensportler und normal leistungsfähige Personen geeignet. Da dies bei der Testperson, wie zuvor in der Bewertung der allgemeinen und biometrischen Daten festgestellt, durchaus zutrifft, wird dieser Test zur Leistungsbeurteilung herangezogen. Zudem wird die Pulsobergrenze von 145 nach dem Lebensalter und der Ruheherzfrequenz definiert (Institut für Prävention und Nachsorge, 2004, S. 4).

1.2.2 Testverlauf

Tab.: 2 H/V-Test

Testform: H/V-Test submaximal	Eingangs- belastung: 30 Watt	Stufen- dauer: 3 min	Belastungs- steigerung: 40Watt	Trittfre- quenz: 60-80 U/min
Pulsober- grenze: 145	Gewicht: 59kg	Ruhepuls: 70 S/min	Blutdruck: 110/75mmHg	

Zeit:	Watt	Hf1	Hf2	Hf3
0	30	100	111	119
3	70	123	127	132
6	110	136	140	145
Watt gesamt	110	Watt/kg	1,86	
Bewertung n. Normtabelle	durchschnitt-lich			

1.2.3 Bewertung

Bei der Gesamtwattleistung von 110 erreichte die Person ihre Pulsobergrenze nach 6 Minuten und erzielte dadurch einen Wert von 1,86 Watt/kg Körpergewicht. Abgeleitet von der angepassten IPN-Test-Normwertetabelle, entspricht das einem durchschnittlichen Ergebnis (IPN, 2004, S. 8).

1.3 Gesundheits- und Leistungsstatus der Person

Da die Testperson völlig gesund und ohne orthopädische oder internistische Probleme ist, ist sie völlig trainierbar. Da sie beim Ausdauertest ein durchschnittliches Ergebnis erzielte und Blutdruck sowie Ruhepuls im Normbereich für die entsprechende Altersgruppe liegen, ist sie völlig belastbar, auch hinsichtlich ihres Herz-Kreislauf-Systems (American Heart Assotiation 2015, 2017).

2 Zielsetzung und Prognose

2.1 Ziele

Tab.: 3 Ziele

Diagnoseaspekt	Ist	Soll/Norm	Bewertung	I A Z
H/V Test	1,86 Watt/kg	2,1 Watt/kg	0,3 Watt/kg zu wenig	Ausdauer verbessern: +0,3 Watt/kg in 6 Wochen
HF Ruhe	70	60-80 (American Heart Association, 2015)	Mittlerer Normbereich	Ruhepuls senken: -5 Schläge in 6 Wochen
RRmmHg	110/75	120/80	Im Normbereich	
Training derzeit	60-120 Min	120-240	Zu kurz	Trainingsumfang erhöhen: +1-2 TE/Wo. Steigern In 6 Wochen
Körperfettanteil	18 %	21-33% (Institut für Sport- und Bewegungsmedizin e. V. 2002-2007)	niedrig	Ist für Sportler in Ordnung, daher keine Änderung notwendig
BMI	20,4	18,5-24,9 (World Health Organisation, 2018)	Im Normbereich	

Quellenangaben zu den Soll/Norm-Werten sind in der Begründung angeben.

2.2 Begründung

Da beim H/V-Test lediglich ein durchschnittliches Ergebnis erzielt wurde, soll in 6 Wochen die Ausdauerfähigkeit der Testperson um 0,3 Watt/kg gesteigert werden. Dadurch wird die Ausdauerleistung verbessert, und somit der „guten" Bereich erreicht (IPN, 2004, S. 8). Zudem steigen die Energiereserven in der Muskulatur, die Ermüdbarkeit sinkt, die

Erholung geht schneller von statten und die Leistungsreserven für das nächste Training steigen (Beckers, E. B., Dorna, F., Krüger, M., Peters, R. & Probst, M., 2011, S.57). Wenn auch der Ruhepuls der Person im normalen Bereich liegt, ist es ein Zeichen der Ausdauerfähigkeit, speziell der Regenerationsfähigkeit, wenn dieser niedriger ist. (American Heart Association, 2015) Daher wird ein Ziel von minus 5 Schlägen in 6 Wochen gesetzt.

Um die vorher genannten Ziele erreichen zu können, ist es notwendig das Trainingspensum zu erhöhen und Ausdauertraining im Allgemeinen regelmäßiger in den Trainingsalltag einfließen zu lassen. Es soll ebenso wie das Krafttraining ein wichtiges Trainingselement werden. Daher soll nach dem „Gesundheitsoptimalprogramm" innerhalb von zwei Mesozyklen das Trainingspensum auf insgesamt 3 bis 4 Trainingseinheiten pro Woche gesteigert werden (Beckers, et al., 2011, S.96).

3 Trainingsplanung Mesozyklus

Um ein optimales und individuell angepasstes Training durchführen zu können, muss die Herzfrequenz für jede Trainingsmethode genau berechnet werden. Zur besseren Veranschaulichung dient diese Übersichtstabelle. Sie ist für alle drei im Anschluss dargestellten Trainingspläne gültig. Nach dem dritten Mesozyklus sollten die Herzfrequenzen auf Grund der Anpassung an die Trainingsbelastung wieder neu errechnet werden.

3.1 Übersichtstabelle Herzfrequenz

Für Alter 21 und HF Ruhe 70

Tab.: 4 Übersicht Herzfrequenzen

	Radergometer	Laufband / Crosstrainer
Karvonen-Formel	$(200\text{-}LA\text{-}HF_{Ruhe}) \times BF$ in % $+ HF_{Ruhe}=Thf$	$(220\text{-}LA\text{-}HF_{Ruhe}) \times BF$ in % $+ HF_{Ruhe}=Thf$
Regeneratives Training 45 – 50 % $HF_{Reserve}$	119,1-124,5	128,1-134,5
Extensive DM 45-50-65 % $HF_{Reserve}$	119,1-124,5-140,8	128,1-134,5-153,8
Intensive DM 65-80 % $HF_{Reserve}$	140,8-157,2	153,8-173,2
Variable DM 45-80 % $HF_{Reserve}$	119,1-157,2	128,1-173,2
Extensive IM 70 – 85 % $HF_{Reserve}$	146,3-162,6	160,3-179,6

DM=Dauermethode, IM=Intervallmethode

(IPN, 2004, S. 10, Zintl & Eisenhut, 2001)

3.2 Grobplanung Mesozyklus

Tab.: 5 Makrozyklus

	Mesozyklus I 3 Wochen	Mesozyklus II 3 Wochen	Mesozyklus III 3 Wochen
Trainingsziel/e	• GA1 verbessern • Zusätzliches Training integrieren	• GA1 verbessern • GA2 verbessern	• GA1 stabilisieren • GA2 verbessern • Zusätzliches Training integrieren
Gesamtumfang pro Woche (Stunden/Min pro Woche)	120 Min.	120 Min.	160 Min.
Trainingsmethoden	Ext. DM Var. DM	Ext. DM Var. DM Int. DM	Ext. DM Var. DM Int. DM Ext. IM
Intensität von Hfmax bzw. HfReserve	45-65 % $Hf_{Reserve}$ 45-80 % $Hf_{Reserve}$	45-65 % $Hf_{Reserve}$ 45-80% $Hf_{Reserve}$ 65-80 % $Hf_{Reserve}$	45-65 % $Hf_{Reserve}$ 45-80% $Hf_{Reserve}$ 65-80 % $Hf_{Reserve}$ 70-85 % $Hf_{Reserve}$
Trainingshäufigkeit/Wo.	3 Mal	3 Mal	4 Mal
Trainingsdauer/TE	45/30/45 Min.	45/30/45 Min.	60/30/40/30 Min.
Trainingsgerät/e	Laufband Ergometer Crosstrainer	Laufband Ergometer Crosstrainer	Laufband Ergometer Crosstrainer

3.3 Detailplanung Mesozyklus

Tab.: 6 Mesozyklus I

Woche 1	Montag	Mittwoch	Freitag
Trainingsziel	GA1 verb.	GA1verb.	GA1 verb./+ TE
Trainingsme-thode	Ext. DM	Ext. DM	Var. DM
Trainingsintensi-tät	50-60 % Hf$_{Reserve}$	50-65 % Hf$_{Reserve}$	60-70 % Hf$_{Reserve}$
Trainingsdauer	45 Min.	30 Min.	45 Min. (10':10' 60% - 70% im Wechsel + letzten 5' 60%)
Trainingsgerät	Laufband	Ergometer	Crosstrainer
Woche 2	Montag	Mittwoch	Freitag
Trainingsziel	GA1verb.	GA1 verb./+ TE	GA1 verb.
Trainingsme-thode	Ext. DM	Var. DM	Ext. DM
Trainingsintensi-tät	50-65 % Hf$_{Reserve}$	60-70 % Hf$_{Reserve}$	50-60 % Hf$_{Reserve}$
Trainingsdauer	30 Min.	45 Min. (10':10' 60% - 70% im Wechsel + letzten 5' 60%)	45 Min.
Trainingsgerät	Ergometer	Laufband	Crosstrainer
Woche 3	Montag	Mittwoch	Freitag
Trainingsziel	GA1verb.	GA1 verb./+ TE	GA1 verb.
Trainingsme-thode	Ext. DM	Var. DM	Ext. DM
Trainingsintensi-tät	50-65 % Hf$_{Reserve}$	60-70 % Hf$_{Reserve}$	50-60 % Hf$_{Reserve}$
Trainingsdauer	30 Min.	45 Min.	45 Min.

		(10':10' 60% - 70% im Wechsel + letzten 5' 60%)	
Trainingsgerät	Laufband	Ergometer	Crosstrainer

GA1=Grundlagenausdauer 1, TE=Trainingseinheit

Woche 4	Montag	Mittwoch	Freitag
Trainingsziel	Erholung	GA1 verb.	GA2 verb.
Trainingsme-thode	Rekom	Var. DM	Int. DM
Trainingsintensi-tät	50 % Hf$_{Reserve}$	60-70 % Hf$_{Reserve}$	65-80 % Hf$_{Reserve}$
Trainingsdauer	40 Min.	50 Min. (10':10' 60% - 70% im Wechsel)	30 Min.
Trainingsgerät	Laufband	Ergometer	Crosstrainer
Woche 5	Montag	Mittwoch	Freitag
Trainingsziel	Erholung.	GA1 verb.	GA2 verb.
Trainingsme-thode	Rekom	Var. DM	Int. DM
Trainingsintensi-tät	50 % Hf$_{Reserve}$	60-70 % Hf$_{Reserve}$	65-80 % Hf$_{Reserve}$
Trainingsdauer	40 Min.	50 Min. (10':10' 60% - 70% im Wechsel)	30 Min.
Trainingsgerät	Ergometer	Laufband	Crosstrainer
Woche 6	Montag	Mittwoch	Freitag
Trainingsziel	Erholung	GA1 verb.	GA2 verb.
Trainingsme-thode	Rekom	Var. DM	Int. DM
Trainingsintensi-tät	50 % Hf$_{Reserve}$	60-70 % Hf$_{Reserve}$	65-80 % Hf$_{Reserve}$
Trainingsdauer	40 Min.	50 Min. (10':10' 60% - 70% im Wechsel)	30 Min.
Trainingsgerät	Laufband	Crosstrainer	Ergometer

GA1=Grundlagenausdauer 1, TE=Trainingseinheit

Tab.: 8 Mesozyklus III

Woche 7	Montag	Mittwoch	Freitag	Samstag
Trainingsziel	GA1 stab.	GA2 verb.	GA2 verb	Erholung
Trainingsmethode	Var. DM	Ext. IM	Int. DM	Rekom
Trainingsintensität	60-70 % HF$_{Reserve}$	70-85 % HF$_{Reserve}$	65-70 % HF$_{Reserve}$	50-65 % HF$_{Reserve}$
Trainingsdauer	60 Min. (10':10' 60% - 70% im Wechsel)	30 Min. = 3x5' Belastung (85%) dazw. 2' Pause, anschließend 2x3' Belastung (70%) dazw. 2' Pause	40 Min	30 Min.
Trainingsgerät	Crosstrainer	Laufband	Ergometer	Crosstrainer
Woche 8	Montag	Mittwoch	Freitag	Samstag
Trainingsziel	GA1 stab.	GA2 verb.	GA2 verb	Erholung
Trainingsmethode	Var. DM	Ext. IM	Int. DM	Rekom
Trainingsintensität	60-70 % HF$_{Reserve}$	70-85 % HF$_{Reserve}$	65-70 % HF$_{Reserve}$	50-65 % HF$_{Reserve}$
Trainingsdauer	60 Min. (10':10' 60% - 70% im Wechsel)	30 Min. x5' Belastung (85%) dazw. 2' Pause, anschließend 2x3' Belastung (70%) dazw. 2' Pause	40 Min	30 Min.
Trainingsgerät	Laufband	Ergometer	Crosstrainer freihändig	Laufband
Woche 9	Montag	Mittwoch	Freitag	Samstag
Trainingsziel	GA1 stab.	GA2 verb.	GA2 verb	Erholung

Trainingsme-thode	Var. DM	Ext. IM	Int. DM	Rekom
Trainingsinten-sität	60-70 % HF$_{Reserve}$	70-85 % HF$_{Reserve}$	65-70 % HF$_{Reserve}$	50-65 % HF$_{Reserve}$
Trainingsdauer	60 Min. (10':10' 60% - 70% im Wechsel)	30 Min. x5' Belastung (85%) dazw. 2' Pause, anschlie-ßend 2x3' Belastung (70%) dazw. 2' Pause	40 Min	30 Min.
Trainingsgerät	Ergometer	Crosstrainer frei-händig	Ergometer	Laufband

GA1=Grundlagenausdauer 1, GA2=Grundlagenausdauer 2

3.4 Begründung Mesozyklus

Die Mesozyklen wurden in aller erster Linie nach dem Grundsatz „Häufigkeit vor Umfang vor Intensität" geplant (Landessportbund Nordrhein-Westfahlen, S. 3).

Daher wird im ersten Zyklus ein fixes drittes Training integriert. Dies dient zur Verbesserung der Grundlagenausdauer, die laut vorangegangenen H/V-Test verbesserungswürdig ist (siehe S. 5). Im dritten Zyklus kommt eine vierte Einheit dazu, um nach dem „Gesundheitsoptimal-Programm" beste Ergebnisse erzielen zu können und die bereits bestehende Ausdauer noch weiter zu verbessern (Beckers, et al., 2011, S.96).

Vorerst wird die extensive Dauermethode in Kombination mit einer Einheit variablen Dauermethode gewählt. Dies dient zur generellen Optimierung der Grundlagenausdauer 1 und sorgt zugleich für Abwechslung in längeren Trainingseinheiten (Hottenrott 2000, zitiert nach Ferrauti, S. 9).

Im zweiten Mesozyklus kommt eine Einheit intensive Dauermethode dazu, um die bereits bestehende Grundlagenausdauer 1 noch weiter zu verbessern und die aerob/anaerobe Leistungsfähigkeit zu erhöhen, also die Grundlagenausdauer 2 zu optimieren. Dies wird im dritten Mesozyklus durch eine extensive Intervallmethode noch gesteigert (Hottenrott 2000, zitiert nach Ferrauti, S. 9). Zudem kann diese kürzere intensive Einheit problemlos an ein Krafttraining angehängt werden. Denn es darf nicht außer Acht gelassen werden, dass die Testperson etwa 5-6 Stunden als Trainingszeit insgesamt pro Woche angegeben hat (siehe S. 3). Im dritten Mesozyklus, bezogen auf die Trainingsdauer den längsten Zyklus, beläuft sich die Gesamtsumme an Trainingsstunden auf 5 Stunden und ca. 40 Minuten inklusive Krafttraining.

Die Belastungsintensität wird erst allmählich ab dem zweiten Mesozyklus gesteigert. Grund ist, dass zuvor an der Basis gearbeitet werden soll, also wie bereits beschrieben: „Häufigkeit vor Umfang vor Intensität" (Landessportbund NRW, S. 3). Erst im dritten Zyklus soll eine Intensiv-Einheit durchgeführt werden, wenn bereits eine sichere Grundlage geschaffen wurde.

Zusätzlich werden im zweiten und dritten Mesozyklus Erholungseinheiten integriert, um so Stoffwechselschlacken schneller über das Blut- und Lymphgefäßsystem abtransportieren zu können. Außerdem wird der Blutlaktatspiegel durch aktive Erholung besser beseitigt als durch passive und die Testperson ist schneller bereit das nächste Training zu absolvieren (Eisenhut & Zintl, 2013, 202).

Durch die Verwendung von Ergometer, Crosstrainer und Laufband wird eine sportartunabhängige Basis für weiteres Training geschaffen (Eisenhut & Zintl, 2013, S. 45, 92). Außerdem kann so im Falle, dass beispielsweise alle Laufbänder im Fitnessstudio belegt sind, ein alternatives Trainingsgerät gefunden werden, ohne den gewünschten Effekt zu mildern.

Durch freihändiges Training am Crosstrainer werden zusätzlich noch Balance und Koordination geschult (Straube, 2017).

4   Literaturrecherche

Tab.: 9 Literaturrecherche

Studie	Intervall versus kontinuierliches Ausdauertraining bei COPD-Patienten: eine Studie im Cross-over Design	Ausdauertraining bei schwergradiger COPD vor Lungentransplantation – welche Trainingsform ist geeignet?
Wer?	M. Spielmanns[1], A. Winkler[2], C. Fuchs-Bergsma[2], K. Baum[3] 1) St. Remigius Krankenhaus, Medizinische Klinik, Leverkusen 2) St. Remigius Krankenhaus Leverkusen 3) Trainingsinstitut Prof. Baum, Köln	R. Glöckl[1], B. Weber-Lange[1], M. Halle[2], K. Kenn[1] 1) Klinikum Berchtesgadener Land 2) Zentrum für Prävention und Sportmedizin an der TU München
Wann?	2014	2010
Versuchs-personen	36 Patienten mit moderater oder schwergradiger COPD	30 Patienten mit sehr schwerer COPD
Versuchs-aufbau	Die Patienten wurden in zwei Gruppen eingeteilt und trainierten jeweils „3 mal pro Woche über 30 Minuten auf dem Fahrradergometer" (Spielmanns, Winkler, Fuchs-Bergsma & Baum, 2014). Die erste Gruppe startete mit einem kontinuierlichen Ausdauertraining, nach 12 Wochen wurde „mit der Intervallmethode ... fortgesetzt" (Spielmanns et al., 2014). Bei der zweiten Gruppe ging es umgekehrt von statten. Um beide Gruppen gegenüberstellen zu können, „wurde die Gesamtarbeit gleich groß gehalten" (Spielmanns et al., 2014). Daher wurde bei beiden die Intensität in	Die Personen wurden in zwei Gruppen geteilt, zum einen mit „moderatem Ausdauertraining (MAT, n=15, 60% Wmax, Steigerung der Dauer von 10 auf 30min)" und zum anderen in „Intervalltraining (IT, n=15, bei 100% Wmax im Wechsel mit 30 Sek Pause, Steigerung der Dauer von 12 auf 36min)" (Glöckl, Werber-Lange, Halle & Kenn, 2010). Innerhalb von drei Wochen wurden 15 Trainingseinheiten auf dem Fahrradergometer absolviert (Glöckl, Werber-Lange, Halle & Kenn, 2010).

	3-wöchigem Abstand um 5 Prozent gesteigert. „Lungenfunktion als auch Spiroergometrie, 6-MWT und Lebensqualität (SF-36) wurde zu Beginn, nach 12 und 24 Wochen gemessen" (Spielmanns et al., 2014).	
Ergebnisse und Schlussfolgerungen	Gleichgültig nach welcher Trainingsform trainiert wurde, wurde die Gehstrecke, die maximale Sauerstoffaufnahme sowie „die maximale Belastbarkeit in der Spiroergometrie" nach 12 Wochen deutlich gesteigert (Spielmanns et al., 2014). Danach konnte keine deutliche Steigerung festgestellt werden. Zudem kommt, dass keine Favorisierung der Trainingsart ersichtlich war. Demnach lässt sich vermuten, dass die Art des Trainings keinen Einfluss auf die positiven Auswirkungen von Training bei COPD-Erkrankten hat (Spielmanns et al., 2014).	Die MAT-Gruppe verbesserte sich in der 6-Minuten-Gehstrecke um durchschnittlich +50,8m und die IT-Gruppe um +35,1m, ohne Gruppenunterschied. Auch beim Ergometer-Test verbesserte sich die MAT-Gruppe um +11,1 Watt und die IT-Gruppe um +14,4 Watt. Auch hier ohne Gruppenunterschied. Allerdings wurden während des Trainings bei der MAT-Gruppe deutlich mehr dyspnoebedingte Pausen beobachtet als in der IT Gruppe (Glöckl, Werber-Lange, Halle & Kenn, 2010). Wenn auch beide Trainingsmethoden ähnlich gute Verbesserungen erzielten, kann die Intervallmethode als geeigneteres Training für COPD-Erkrankte empfohlen werden, das dies besser toleriert wird, als moderates Ausdauertraining (Glöckl, Werber-Lange, Halle & Kenn, 2010).

5   Literaturverzeichnis

American Heart Association. (2015). *Know Your Target Heart Rates for Exercise, Losing Weight and Health.* Zugriff am 27.11.2018. Verfügbar unter https://www.heart.org/en/healthy-living/fitness/fitness-basics/target-heart-rates

American Heart Association. (2017). *Understanding Blood Preasure Redings.* Zugriff am 27.11.2018. Verfügbar unter https://www.heart.org/en/health-topics/high-blood-pressure/understanding-blood-pressure-readings

Appell, H.-J., Graf, C., Hartmann, U., Menke, W., Platen, P., Predel, H.-G., Schänzer, W., et al. (2001). Lehrbuch der Sportmedizin. In Rost, R. (Hrsg.). Köln: Deutscher Ärzteverlag

Beckers, B. E., Dorna, F., Krüger, M., Peters, R., Probst, M. (2011). Gesundheitsförderung im/durch Breitensport - Schwerpunkt: Ausdauer. In Landessportbund Nordrhein-Westfalen (Hrsg.). Zugriff am 27.11.2018. Verfügbar unter http://dbmat.de/fileadmin/dokumente/FG_1._Lizenzstufe_UEL-C_S/0._Konzeptionen/UEL_MaKo_2002_Gesundheitsfoerderung_Schwerpunkt_Ausdauer.pdf

Eisenhut, A. & Zintl, F. (2013). *Ausdauertraining Grundlagen Methoden Trainingssteuerung.* (8. Aufl.). München: BLV

Ferrauti, A. Zugriff am 1.12. 2018. Verfügbar unter http://www.sportwissenschaft.rub.de/mam/traiwi/lehre/pruefungen/klausuren/konditionstraining_ausdauer.pdf Ruhr-Universität Bochum Fakultät für Sportwissenschaft

Glöckl, R., Weber-Lange, B., Halle, M., Kenn, K. (2010). *Ausdauertraining bei schwergradiger COPD vor Lungentransplantation – welche Trainingsform ist geeignet?* Zugriff am 27.11.2018. Verfügbar unter https://www.thieme-connect.com/products/e-journals/abstract/10.1055/s-0030-1251090

Institut für Prävention und Nachsorge. (2004). *IPN-Test® - Ausdauertest für den Fitness- und Gesundheitssport.* Zugriff am 28.11.2018. Verfügbar unter http://www.cardiotest.net/downloads/IPN-Test.pdf Köln

Institut für Sport- und Bewegungsmedizin e.V. (2002-2007). Zugriff am 5.12.2018. Verfügbar unter https://www.sportmedizin-hamburg.com/html/Calipometrie.htm

Landessportbund Nordrhein-Westfahlen. Zugriff am 3.12.2018. Verfügbar unter https://www.vibss.de/fileadmin/Medienablage/Sportpraxis/PH_Praevention/PH_P_HKS_TN-Info_Belastungssteuerung__Pulsmessung_und_-kurve__Trainingsprinzipien.pdf

Spielmanns, M., Winkler, A., Fuchs-Bergsma,C., Baum, K. (2014). *Intervall versus kontinuierliches Ausdauertraining bei COPD-Patienten: eine Studie im Cross-over Design.* Zugriff am 27.11.2018. Verfügbar unter https://www.thieme-connect.com/products/ejournals/abstract/10.1055/s-0034-1367836

Straube, A. (2017). Zugriff am 1.12.2018. Verfügbar unter https://www.indoorcycling.org/magazin/fitnessgeraete/ellipsentrainer/ Indoorcycling.org

World Health Organisation. (2018). *Body mass index – BMI.* Zugriff am 27.11.2018. Verfügbar unter http://www.euro.who.int/en/health-topics/disease-prevention/nutrition/a-healthy-lifestyle/body-mass-index-bmi

Zintl, F. & Eisenhut, A. (2001). *Ausdauertraining. Grundlagen Methoden Trainingssteuerung* (5. Aufl.) München: BLV

6 Tabellenverzeichnis

6.1 Tabellenverzeichnis

BEI GRIN MACHT SICH IHR WISSEN BEZAHLT

- Wir veröffentlichen Ihre Hausarbeit,
  Bachelor- und Masterarbeit

- Ihr eigenes eBook und Buch -
  weltweit in allen wichtigen Shops

- Verdienen Sie an jedem Verkauf

Jetzt bei www.GRIN.com hochladen und kostenlos publizieren